Recettes faciles de

COCKTAILS

Données de catalogage avant publication (Canada)

Lévesque, Denis, 1947-

    Recettes faciles de cocktails

    Ré-éd.

    ISBN 2-7640-0310-2

    1. Cocktails (Boissons). I. Titre.

TX951.L48 1998   641.8'74   C98-941256-3

LES ÉDITIONS QUEBECOR
7, chemin Bates
Outremont (Québec)
H2V 1A6
Téléphone: (514) 270-1746

© 1998, Les Éditions Quebecor

Bibliothèque nationale du Québec
Bibliothèque nationale du Canada
ISBN 2-7640-0310-2

Éditeur: Jacques Simard
Coordonnatrice à la production: Dianne Rioux
Conception de la page couverture: Bernard Langlois
Correction d'épreuves: Francine St-Jean
Infographie: Composition Monika, Québec
Impression: Imprimerie L'Éclaireur

DENIS LÉVESQUE

Recettes faciles de

COCKTAILS

LES ÉDITIONS
Quebecor

Table des matières

INTRODUCTION

Quel que soit le lieu ou l'occasion, que l'on soit seul ou avec quelques amis, qu'il fasse chaud ou froid, le cocktail se prête à toute une gamme de combinaisons que l'on saura apprécier et déguster avec bonheur.

Sur le patio ou au bord de la piscine l'été, quoi de mieux qu'un verre de rhum coupé d'un jus de fruits et rehaussé d'un zeste d'orange ou de citron. Avant le brunch du dimanche matin, un verre de mousseux agrémenté de quelques fraises ou de jus d'orange ouvrira l'appétit à vos invités tandis qu'en soirée, le cognac, le gin, la vodka ou le whisky se combineront agréablement à d'autres alcools pour vous donner un mélange savoureux.

En soi, le cocktail est une préparation fort simple et facile à réussir. Elle contient, à sa base, un alcool fort (cognac, gin, vodka, whisky) ou du vin (vermouth, champagne) dont l'arôme est épanoui par un deuxième ingrédient qui peut être du jus de fruits ou des fruits, de la crème ou un jaune d'œuf. Enfin, l'ajout en quantité moindre d'un autre alcool (triple sec, curaçao, liqueur) viendra nuancer l'arôme de base.

L'avantage de la préparation de cocktails est qu'ils ne nécessitent que peu de matériel. Ayez à votre disposition un shaker, un strainer (une passoire pour filtrer les préparations), un contenant à mesurer, un mélangeur électrique ainsi que des bâtonnets et des cuillères à cocktail.

Pour le reste, vous saurez bien vous débrouiller.

Il faut savoir que tous les cocktails doivent être servis très froids. Il convient donc de mettre d'abord les verres au réfrigérateur ou même au congélateur.

La glace est souvent un élément important du cocktail. Assurez-vous qu'elle soit fraîche pour ne pas altérer le goût de la boisson. De gros cubes sont préférables aux petits qui viendraient diluer le mélange. À moins que vous n'ayez à les concasser au mélangeur.

Enfin, il ne suffit pas qu'un cocktail soit bon, il doit aussi être beau. Portez donc une attention particulière à sa présentation en givrant le verre et en l'agrémentant tout simplement d'un fruit, d'une olive ou de quelques feuilles de menthe. Dans les recettes que vous trouverez dans ce livre, nous vous donnons quelques suggestions, mais il n'en tient qu'à vous de les modifier selon vos goûts et en tenant néanmoins compte de la composition.

Nous n'avons pas la prétention de vous présenter ici tous les cocktails qu'il est possible de réaliser. Mais vous trouverez sans doute l'ensemble des notions de base qu'il convient de respecter pour parvenir à bonne fin. Il ne vous restera qu'à faire confiance à votre imagination pour composer le cocktail qui saura vous plaire ainsi qu'à vos invités.

LE VERMOUTH

Le vermouth est un apéritif à base de vin aromatisé de plantes amères et toniques. On distingue le vermouth français qui est blanc et sec et le vermouth italien qui est rouge et doux, c'est-à-dire sucré.

Nous avons regroupé ici tous les cocktails contenant du vermouth même si, dans certains cas, un autre alcool prédomine.

ROSE COCKTAÏL

40 ml (1 ⅓ once) de vermouth blanc
10 ml (⅓ once) de kirsch
10 ml (⅓ once) de liqueur ou de sirop
    de cerise ou de groseille

Dans un verre à mélanger, déposez de la glace jusqu'à la mi-hauteur et versez-y les trois ingrédients du cocktail. Mélangez bien avec une cuillère.

Filtrez avec un strainer dans un verre à cocktail ou dans une flûte à champagne. Servez immédiatement.

ARMAGNAC AFTER ALL

10 ml ($\frac{1}{3}$ once) de vermouth blanc
30 ml (1 once) d'armagnac
20 ml ($\frac{2}{3}$ once) de jus de pêche
10 ml ($\frac{1}{3}$ once) de jus de citron

Placez un verre à cocktail au congélateur durant une heure.

Mettez quatre cubes de glace dans un shaker et ajoutez les ingrédients requis. Agitez énergiquement quelques secondes.

Filtrez avec un strainer dans un verre à cocktail glacé.

QUATRE-QUARTS

20 ml (²/₃ once) de vermouth blanc
20 ml (²/₃ once) de dry gin
20 ml (²/₃ once) de liqueur de
    mandarine
20 ml (²/₃ once) de jus d'orange
2 traits d'Angostura bitters
1 trait de sirop de grenadine
1 fine lanière de zeste de citron
1 fine lanière de zeste d'orange

Déposez quatre cubes de glace dans un verre à mélanger et versez-y le vermouth, le dry gin, la liqueur de mandarine, l'Angostura bitters et le sirop de grenadine. Mélangez bien avec une cuillère et ajoutez le jus d'orange.

Filtrez avec un strainer dans un verre à old fashioned et décorez avec les lanières de zeste de citron et d'orange.

FLIPPER

20 ml (²⁄₃ once) de vermouth blanc
20 ml (²⁄₃ once) de liqueur de
    mandarine
1 jaune d'œuf
1 pincée de muscade râpée

Mettez quatre cubes de glace dans un shaker et ajoutez-y le vermouth, la liqueur de mandarine et le jaune d'œuf. Agitez énergiquement quelques secondes.

Filtrez avec un strainer dans un verre à cocktail et saupoudrez délicatement de muscade.

BLUE ANGEL

20 ml (²⁄₃ once) de vermouth blanc
40 ml (1 ¹⁄₃ once) de tequila
20 ml (²⁄₃ once) de curaçao bleu

Dans un verre à mélanger, déposez quatre cubes de glace et versez les trois ingrédients du cocktail. Mélangez avec une cuillère.

Filtrez avec le strainer dans un verre à cocktail et ajoutez un cube de glace.

AMERICANO

40 ml (1 $\frac{1}{3}$ once) de vermouth rouge
40 ml (1 $\frac{1}{3}$ once) de Campari
1 trait de jus de citron

Dans un verre à mélanger contenant des glaçons, versez les trois ingrédients et mélangez avec une cuillère.

Filtrez avec le strainer dans un verre à cocktail contenant trois cubes de glace. Ajoutez au goût de l'eau gazeuse ou du club soda.

Décorez avec une lanière de zeste de citron et une cerise piquée sur un bâtonnet.

ROB BOY

Sweet Rob Boy
20 ml ($2/3$ once) de vermouth rouge
40 ml (1 $1/3$ once) de scotch whisky

Dry Rob Boy
20 ml ($2/3$ once) de vermouth blanc
40 ml (1 $1/3$ once) de scotch whisky

Parfait Rob Boy
10 ml ($1/3$ once) de vermouth blanc
10 ml ($1/3$ once) de vermouth rouge
40 ml (1 $1/3$ once) de scotch whisky

Placez un verre à cocktail au congélateur pendant une heure.

Déposez trois glaçons dans le verre à mélanger et ajoutez, au goût, les ingrédients. Remuez avec une cuillère et filtrez avec le strainer dans un verre glacé.

Décorez avec une lanière de zeste de citron.

BRAINSTORM

10 ml (⅓ once) de vermouth blanc
10 ml (⅓ once) de bénédictine
40 ml (1 ⅓ once) de whisky irlandais

Déposez quatre cubes de glace dans un shaker et ajoutez les ingrédients du cocktail. Agitez énergiquement quelques secondes.

Filtrez au strainer dans un verre à old fashioned contenant deux cubes de glace.

LOS ANGELES

20 ml (⅔ once) de vermouth rouge
60 ml (2 onces) de bourbon
20 ml (⅔ once) de jus de citron
1 œuf

Déposez quatre cubes de glace dans un shaker, ajoutez tous les ingrédients et agitez énergiquement quelques secondes.

Filtrez avec le strainer dans un verre à old fashioned et décorez avec une fine lanière de zeste de citron.

MANHATTAN

Sweet Manhattan

20 ml ($^2/_3$ once) de vermouth rouge
50 ml (1 $^2/_3$ once) de whisky canadien
  ou rye
1 trait d'Angostura bitters

Dry Manhattan

10 ml ($^1/_3$ once) de vermouth blanc
60 ml (2 onces) de whisky canadien
  ou rye

Parfait Manhattan

10 ml ($^1/_3$ once) de vermouth rouge
10 ml ($^1/_3$ once) de vermouth blanc
50 ml (1 $^2/_3$ once) de whisky canadien
  ou rye

Dans un verre à mélanger contenant trois glaçons, versez les ingrédients choisis et mélangez avec une cuillère.

Filtrez au strainer dans un verre à cocktail préalablement placé au congélateur. Ajoutez un glaçon.

Décorez le Sweet Manhattan d'une cerise piquée sur un bâtonnet et les deux autres d'un zeste de citron.

VODKA MARTINI

30 ml (1 once) de vermouth blanc
60 ml (2 onces) de vodka
1 trait de jus d'orange
1 lanière de zeste de citron

Dans un verre à cocktail, mettez un cube de glace et le zeste de citron. Versez-y le jus d'orange puis, très lentement, le vermouth blanc et, enfin, la vodka.

On peut modifier, au goût, les proportions de vermouth et de vodka.

ISBA

20 ml ($^2/_3$ once) de vermouth blanc
20 ml ($^2/_3$ once) de liqueur d'abricot
40 ml (1 $^1/_3$ once) de vodka
10 ml ($^1/_3$ once) de jus de citron

Placez quatre cubes de glace dans un
shaker. Versez-y tous les ingrédients du
cocktail et agitez énergiquement quelques secondes.

Filtrez au strainer dans un verre à cocktail et ajoutez deux cubes de glace.

RED KISS

40 ml (1 $^1/_3$ once) de vermouth blanc
20 ml ($^2/_3$ once) de dry gin
20 ml ($^2/_3$ once) de cherry brandy

Concassez quatre glaçons et mettez-les dans un verre à mélanger. Ajoutez le dry gin, le vermouth et le cherry brandy. Remuez avec une cuillère.

Filtrez au strainer dans un verre à cocktail.

GIBSON

20 ml ($\frac{2}{3}$ once) de vermouth blanc
40 ml (1 $\frac{1}{3}$ once) de dry gin
Pour la décoration:
1 olive verte
1 oignon à cocktail
1 rondelle de limette
1 rondelle d'orange

Versez le vermouth et le dry gin dans un verre à mélanger contenant quatre cubes de glace et remuez avec une cuillère.

Filtrez avec le strainer dans un verre à cocktail.

Décorez le verre d'un bâtonnet garni d'une olive, d'un oignon, d'une rondelle de citron et d'une rondelle d'orange.

DRY MARTINI

20 ml (²/₃ once) de vermouth blanc
60 ml (2 onces) de dry gin
2 lanières de zeste de citron
1 olive verte

Versez le dry gin et le vermouth très froid dans un verre à mélanger et remuez bien.

Versez dans un verre à cocktail glacé. Pressez l'une des lanières de zeste de citron au-dessus du verre pour que l'essence y tombe. Mettez la seconde lanière et l'olive dans le verre.

En variant les proportions de vermouth et de gin, on obtient un cocktail plus ou moins «dry» pouvant aller du «Martini Sweet» (50 ml de dry gin et 25 ml de vermouth) au «Martini extra dry» (70 ml de dry gin et 10 ml de vermouth). Au goût.

BRONX

40 ml (1 ⅓ once) de vermouth blanc
40 ml (1 ⅓ once) de vermouth rouge
40 ml (1 ⅓ once) de dry gin
80 ml (2 ⅔ onces) de jus d'orange
Pour la décoration:
1 tranche d'orange
ou 1 cerise sur un bâtonnet à cocktail

Mettez quatre cubes de glace dans un shaker. Ajoutez-y les deux vermouths, le dry gin et le jus d'orange. Agitez énergiquement quelques secondes.

Filtrez au strainer dans un verre à highball et ajoutez deux cubes de glace. Au choix, garnissez d'une tranche d'orange ou d'une cerise.

NEGRONI

40 ml (1 ⅓ once) de vermouth rouge
20 ml (⅔ once) de dry gin
40 ml (1 ⅓ once) de Campari
1 lanière de zeste de citron
1 tranche d'orange

Versez le vermouth, le dry gin et le Campari dans un verre à mélanger et remuez avec une cuillère.

Versez dans un verre à cocktail et ajoutez deux cubes de glace. Décorez avec une lanière de zeste de citron et une tranche d'orange.

AMERICAN BEAUTY

30 ml (1 once) de vermouth blanc
30 ml (1 once) de cognac
10 ml (⅓ once) de jus d'orange
10 ml (⅓ once) de sirop de grenadine
1 trait de crème de menthe verte
1 trait de porto
quelques feuilles de menthe fraîche

Remplissez un shaker de cubes de glace jusqu'à mi-hauteur. Versez-y le vermouth, le cognac, le jus d'orange et la grenadine. Agitez énergiquement quelques secondes.

Mettez deux cubes de glace dans un verre à highball et ajoutez-y la crème de menthe. Filtrez la préparation du shaker à l'aide d'un strainer dans le verre et ajoutez un trait de porto.

Décorez avec quelques feuilles de menthe fraîche.

FRENCHMAN

30 ml (1 once) de vermouth blanc
40 ml (1 ⅓ once) de cognac
20 ml (⅔ once) de chartreuse verte
2 traits d'Angostura bitters

Mettez deux cubes de glace dans un shaker et ajoutez les ingrédients du cocktail. Agitez énergiquement quelques secondes.

Placez deux cubes de glace dans un verre à cocktail et filtrez-y la préparation au moyen d'un strainer.

MARTINI CHAMPAGNE

10 ml ($\frac{1}{3}$ once) de vermouth blanc
10 ml ($\frac{1}{3}$ once) de vermouth rouge
60 ml (2 onces) de champagne
10 ml ($\frac{1}{3}$ once) de bitter lemon
10 ml ($\frac{1}{3}$ once) de dry gin
Pour la décoration:
1 rondelle de limette
1 rondelle d'orange

Déposez quelques cubes de glace dans un verre à mélanger. Versez-y le bitter lemon, les deux vermouths et le dry gin, et remuez avec une cuillère.

Retirez la glace et ajoutez le champagne bien froid.

Versez dans un verre à highball et décorez avec une rondelle de limette et une rondelle d'orange.

LE RHUM

Originaire des îles de la mer des Caraï-
bes, le rhum est la boisson la plus rafraî-
chissante qui soit lorsqu'il est mélangé à
des jus de fruits. On peut aussi le com-
biner à d'autres alcools pour en faire des
cocktails délicieux. Idéal pour les jour-
nées de canicule au bord de la piscine
comme pour les soirées d'hiver où l'on
ne rêve que de soleil et de détente.

PLANTER'S PUNCH

20 ml (2/3 once) de rhum blanc
20 ml (2/3 once) de rhum brun
20 ml (2/3 once) de jus de citron
20 ml (2/3 once) de jus d'orange
2 traits d'Angostura bitters

1 c. à café de sucre en poudre

1 rondelle de kiwi, de citron ou d'orange

Placez deux cubes de glace concassés dans un shaker et ajoutez-y le rhum blanc, le rhum brun, les jus de fruits, l'Angostura bitters et le sucre en poudre. Agitez vivement quelques secondes.

Filtrez au-dessus d'un verre à highball préalablement givré. Ajoutez deux cubes de glace et une rondelle de fruit.

On peut en réduire la concentration en alcool en ajoutant, au goût, du 7-Up.

CUBA LIBRE

80 ml (2 $\frac{2}{3}$ onces) de rhum blanc

20 ml ($\frac{2}{3}$ once) de jus de limette

150 ml (5 onces) de Coca-Cola

Mettez quatre cubes de glace dans un verre à mélanger et ajoutez-y le rhum et le jus de limette. Remuez.

Filtrez dans un verre à highball contenant deux cubes de glace et ajoutez le
Coca-Cola.

DAIQUIRI

80 ml (2 $\frac{2}{3}$ onces) de rhum blanc
40 ml (1 $\frac{1}{3}$ once) de jus de limette ou
    de citron frais
1 c. à café de sucre
1 rondelle de limette

Déposez deux glaçons dans un shaker et
ajoutez-y le rhum, le jus et le sucre.
Agitez vivement quelques secondes.

Filtrez avec le strainer dans un verre à
cocktail contenant deux cubes de glace
et décorez avec la rondelle de limette.

AMERICAN DAIQUIRI

40 ml (1 $\frac{1}{3}$ once) de rhum blanc
40 ml (1 $\frac{1}{3}$ once) de cointreau
20 ml ($\frac{2}{3}$ once) de jus de citron

1 c. à café de sucre
1 rondelle de citron

Déposez deux glaçons dans un shaker et ajoutez-y le rhum, le cointreau, le jus de citron et le sucre. Agitez énergiquement quelques secondes.

Filtrez avec le strainer dans un verre à cocktail et décorez avec une tranche de citron.

BANANA DAIQUIRI

30 ml (1 once) de rhum blanc
20 ml ($\frac{2}{3}$ once) de crème de banane
40 ml (1 $\frac{1}{3}$ once) de base de citron
10 ml ($\frac{1}{3}$ once) de jus de limette frais
1 c. à café de sucre
4 tranches de banane

Mettez tous les ingrédients du cocktail dans un mélangeur électrique avec trois glaçons et brassez jusqu'à ce que la glace ait pris la consistance d'une neige fondante.

Versez dans un verre à café irlandais ou dans un verre à eau sur pied.

Pour faire un **Strawberry Daiquiri**, remplacez les tranches de banane par quatre ou cinq fraises bien mûres et le crème de banane par de la liqueur de fraise.

MAITAI

20 ml ($2/3$ once) de rhum blanc
20 ml ($2/3$ once) de rhum brun
10 ml ($1/3$ once) de curaçao bleu
10 ml ($1/3$ once) d'orgeat
10 ml ($1/3$ once) de sirop de grenadine
10 ml ($1/3$ once) de jus de limette
30 ml (1 once) de jus de citron
Pour la décoration:
1 cerise
$1/2$ tranche de citron

Placez trois glaçons dans un shaker et ajoutez tous les ingrédients de la préparation. Secouez énergiquement.

Filtrez avec le strainer dans une coupe à champagne et décorez avec une cerise et ½ tranche de citron piquées sur un bâtonnet.

STRAWBERRY PARADISE

20 ml (⅔ once) de rhum blanc
100 g (4 onces) de fraises
100 ml (3 ⅓ onces) de lait
50 ml (1 ⅔ once) de lait de coco non sucré
100 ml (3 ⅓ onces) de crème fraîche (15 %)
1 fraise pour la décoration

Mettez tous les ingrédients dans le mélangeur électrique et faites-le fonctionner quelques secondes. Ajoutez deux cubes de glace et faites tourner l'appareil pendant 20 secondes.

Versez la préparation dans un verre à cocktail ou dans un verre à eau sur pied et décorez avec une fraise coupée en deux.

PINA COLADA

80 ml (2 $\frac{2}{3}$ onces) de rhum blanc
80 ml (2 $\frac{2}{3}$ onces) de jus d'ananas
30 ml (1 once) de lait de coco non
    sucré

Pour la décoration:
1 morceau d'ananas
1 cerise

Mettez quatre cubes de glace dans le mélangeur et ajoutez-y le rhum, le jus d'ananas et le lait de coco. Faites fonctionner l'appareil durant une minute.

Filtrez dans un verre à highball contenant deux cubes de glace.

Décorez avec un bâtonnet garni d'un morceau d'ananas et d'une cerise.

On peut remplacer le jus d'ananas et le lait de coco par 90 ml (3 onces) de Pina Colada Mix que vous trouverez au supermarché.

ZOMBIE

40 ml (1 $\frac{1}{3}$ once) de rhum blanc
40 ml (1 $\frac{1}{3}$ once) de rhum brun
80 ml (2 $\frac{2}{3}$ onces) de jus d'ananas
20 ml ($\frac{2}{3}$ once) de jus ou de liqueur d'abricot
1 trait de crème de cassis
1 c. à soupe de jus de limette
Pour la décoration:
1 morceau d'ananas
1 cerise

Mettez quatre cubes de glace dans un shaker et ajoutez-y les deux rhums, le jus d'ananas, le jus ou la liqueur d'abricot, la crème de cassis et le jus de limette. Agitez énergiquement quelques secondes.

Filtrez avec le strainer dans un verre à highball préalablement givré et contenant deux cubes de glace.

Décorez avec un morceau d'ananas et une cerise piqués sur un bâtonnet.

PUNCH MOUSSE

80 ml (2 ⅔ onces) de rhum blanc
80 ml (2 ⅔ onces) de jus de
    pamplemousse
1 trait de grenadine
1 trait de jus de citron
1 blanc d'œuf
½ tranche de pamplemousse

Mettez quatre cubes de glace dans le mélangeur électrique et ajoutez-y le rhum, le jus de pamplemousse, la grenadine, le jus de citron et le blanc d'œuf. Faites fonctionner l'appareil pendant 30 secondes.

Versez la préparation dans un grand verre à cocktail et décorez avec une demi-tranche de pamplemousse. Servez avec une paille.

FLORIDA

40 ml (1 $\frac{1}{3}$ once) de rhum blanc
1 c. à soupe de crème de menthe
    blanche
1 c. à soupe de jus d'ananas
1 c. à soupe de jus de limette
eau gazeuse

Déposez quatre cubes de glace dans un shaker et ajoutez-y le rhum, la crème de menthe, le jus d'ananas et le jus de limette. Agitez énergiquement.

Filtrez avec un strainer dans un verre à highball et ajoutez de l'eau gazeuse au goût.

BACCARDI

40 ml (1 ⅓ once) de rhum blanc
20 ml (⅔ once) de dry gin
30 ml (1 once) de jus de citron ou de
    limette
1 c. à café de sirop de grenadine
1 cerise

Déposez deux cubes de glace dans un shaker et ajoutez-y le rhum, le dry gin, le jus et le sirop de grenadine. Agitez quelques secondes.

Filtrez avec un strainer dans un verre à cocktail et décorez avec une cerise piquée sur un bâtonnet.

BLUE HAWAIIAN

20 ml (⅔ once) de rhum blanc
20 ml (⅔ once) de curaçao bleu
120 ml (4 onces) de jus d'ananas
2 c. à soupe de crème épaisse
2 c. à soupe de Pina Colada Mix

Pour la décoration:

1 cerise

1 morceau d'ananas

Placez deux cubes de glace dans un shaker et ajoutez-y les ingrédients du cocktail. Agitez vigoureusement quelques secondes.

Filtrez avec un strainer dans un verre à highball givré et ajoutez deux cubes de glace.

Décorez avec une cerise et un morceau d'ananas piqués sur un bâtonnet.

CARLOS FINLAY

50 ml (1 $\frac{2}{3}$ once) de rhum blanc

30 ml (1 once) de Grand Marnier

3 c. à soupe de crème épaisse

1 c. à soupe de sucre

1 c. à soupe de jus de citron

$\frac{1}{2}$ tranche d'orange

Mettez deux cubes de glace dans un shaker et ajoutez-y tous les ingrédients du cocktail. Agitez fermement quelques secondes.

Filtrez avec un strainer dans un verre à highball et décorez avec un morceau d'orange piqué sur un bâtonnet.

LE BRANDY
OU LE COGNAC

Le brandy et le cognac sont des eaux-de-vie de vin, produits de la distillation du moût fermenté de raisins que l'on fait vieillir dans des tonneaux de chêne chauffés. Le cognac provient exclusivement de la région de Cognac, en France, tandis que le brandy provient de différentes parties du monde.

En règle générale, le cognac est meilleur au goût que le brandy, mais il est également deux fois plus cher. Dans un cocktail, il n'est pas nécessaire d'avoir recours à un produit de grande qualité, puisque son goût se combine à ceux des alcools et jus qu'on y fait entrer. Seul le grand connaisseur pourra y voir la différence.

Les recettes qui suivent indiquent donc d'utiliser du brandy, mais sachez que le cognac peut tout aussi être de mise dans tous les cas.

ALEXANDRA

40 ml (1 $\frac{1}{3}$ once) de brandy

20 ml ($\frac{2}{3}$ once) de crème de cacao

20 ml ($\frac{2}{3}$ once) de crème fraîche (15 %)

2 pincées de noix de muscade

Déposez quatre cubes de glace dans un shaker et ajoutez-y le brandy, la crème de cacao et la crème. Agitez vigoureusement quelques secondes.

Filtrez la préparation dans un verre à cocktail contenant deux cubes de glace et saupoudrez de muscade.

Vous pouvez faire la même préparation avec du dry gin plutôt que du brandy et obtenir ainsi un **Gin Alexandra.**

DEPTH BOMB

40 ml (1 ⅓ once) de brandy

40 ml (1 ⅓ once) de calvados

1 c. à café de sirop de grenadine

1 c. à café de jus de citron

Mettez deux cubes de glace dans un verre à mélanger et versez-y tous les ingrédients. Mélangez avec une cuillère.

Filtrez dans un verre à cocktail et servez sans ajouter de glace.

SIDECAR

40 ml (1 ⅓ once) de brandy

20 ml (⅔ once) de triple sec

20 ml (⅔ once) de jus de citron

Pour la décoration:
1 lanière de zeste de citron
1 tranche de kiwi

Broyez deux cubes de glace dans un shaker et ajoutez-y le brandy, le triple sec et le jus de citron. Agitez fermement quelques secondes.

Filtrez avec un strainer dans un verre à cocktail et ajoutez deux cubes de glace.

Décorez avec une lanière de zeste de citron et une tranche de kiwi.

HARVARD

40 ml (1 $\frac{1}{3}$ once) de brandy
1 c. à soupe de vermouth blanc
1 c. à soupe de jus d'orange
1 c. à café de sirop de grenadine
2 traits d'Angostura bitters

Déposez deux cubes de glace dans un shaker et ajoutez-y tous les ingrédients

de la préparation. Agitez vigoureusement quelques secondes.

Filtrez avec le strainer dans un verre à
cocktail ou à old fashioned garni de
deux cubes de glace.

Décorez avec une tranche d'orange ou
de citron.

BETWEEN THE SHEETS

20 ml ($^2/_3$ once) de brandy
20 ml ($^2/_3$ once) de triple sec
20 ml ($^2/_3$ once) de rhum blanc
1 c. à café de jus de citron

Déposez quatre cubes de glace dans un
shaker et ajoutez-y tous les ingrédients
de la préparation. Agitez vigoureusement quelques secondes.

Filtrez dans un verre à cocktail et décorez avec une lanière de zeste de citron.

SCORPION

40 ml (1 ⅓ once) de brandy
20 ml (⅔ once) de rhum blanc
20 ml (⅔ once) de rhum brun
80 ml (2 ⅔ onces) de jus d'orange
1 c. à café d'amaretto
2 traits d'Angostura bitters

Mettez deux cubes de glace dans un shaker et ajoutez-y le brandy, les deux rhums, le jus d'orange, l'amaretto et l'Angostura. Agitez énergiquement quelques secondes.

Filtrez dans un verre à highball contenant deux cubes de glace broyés.

TORÉADOR

60 ml (2 onces) de brandy
30 ml (1 once) de Kahlua
1 blanc d'œuf

Broyez deux cubes de glace et mettez-les dans un shaker avec tous les ingré-

dients de la préparation. Agitez vigoureusement quelques secondes.

Filtrez dans un verre à old fashioned
contenant deux cubes de glace.

COCO COGNAC

30 ml (1 once) de brandy (ou de
  cognac)
30 ml (1 once) de crème de cacao
180 ml (6 onces) de lait
muscade

Mettez quatre cubes de glace dans un
shaker et versez-y le brandy, la crème de
cacao et le lait. Secouez énergiquement.

Filtrez avec le strainer dans un verre à
collins et saupoudrez de muscade.

MARIAGE ROYAL

40 ml (1 $\frac{1}{3}$ once) de brandy
20 ml ($\frac{2}{3}$ once) de liqueur de pêche
  ou d'abricot

20 ml (²⁄₃ once) de kirsch
80 ml (2 ²⁄₃ onces) de jus d'orange
eau gazeuse

Déposez quatre cubes de glace dans un shaker et ajoutez-y le brandy, la liqueur, le kirsch et le jus d'orange. Agitez vigoureusement quelques secondes.

Filtrez dans un verre à highball et ajoutez de l'eau gazeuse au goût. Décorez avec une lanière de zeste d'orange ou une tranche d'orange.

BRANDY FIZZ

40 ml (1 ¹⁄₃ once) de brandy
jus d'un citron
1 c. à café de sucre
eau gazeuse

Mettez quatre cubes de glace dans un shaker et ajoutez-y le brandy, le jus de citron et le sucre. Agitez vigoureusement quelques secondes.

Filtrez avec un strainer dans un verre à old fashioned contenant un glaçon. Ajoutez de l'eau gazeuse. Décorez avec une lanière de zeste de citron.

BRANDY EGG SOUR

40 ml (1 ⅓ once) de brandy
40 ml (1 ⅓ once) de curaçao
3 traits de jus de citron
1 c. à café de sucre
1 jaune d'œuf

Mettez deux cubes de glace dans un shaker et ajoutez-y le brandy, le curaçao, le jus de citron, le sucre et le jaune d'œuf. Agitez vigoureusement quelques secondes.

Filtrez avec un strainer dans un verre à old fashioned et ajoutez-y deux cubes de glace.

BULL'S MILK

40 ml (1 ⅓ once) de brandy
20 ml (⅔ once) de rhum brun
10 ml (⅓ once) de lait
1 c. à café de sucre
1 pincée de cannelle
1 pincée de muscade

Broyez deux cubes de glace et mettez-les dans un shaker. Ajoutez-y le brandy, le rhum, le lait et le sucre. Agitez vivement quelques secondes.

Filtrez dans un verre à highball contenant deux cubes de glace. Saupoudrez de cannelle et de muscade.

STINGER

40 ml (1 ⅓ once) de brandy
30 ml (1 once) de crème de menthe
    blanche
1 lanière de zeste de citron

Versez le brandy et la crème de menthe dans un shaker avec deux glaçons. Agitez vigoureusement quelques secondes.

Filtrez avec le strainer dans un verre à cocktail glacé. Décorez d'une lanière de zeste de citron.

PRAIRIE OYSTER

80 ml (2 $\frac{2}{3}$ onces) de brandy
1 c. à café de vinaigre de vin
1 trait de Tabasco
1 trait de sauce Worchestershire
1 jaune d'œuf
1 pincée de piment de Cayenne

Versez le brandy, le vinaigre, le Tabasco et la sauce Worchestershire dans un verre à mélanger. Remuez avec une cuillère.

Versez dans un verre à cocktail et faites glisser le jaune d'œuf dans le verre. Saupoudrez de piment de Cayenne.

Servez avec une petite cuillère pour que chacun mêle l'œuf lui-même.

AMERICAN BEAUTY

30 ml (1 once) de brandy
30 ml (1 once) de vermouth blanc
10 ml ($\frac{1}{3}$ once) de jus d'orange
10 ml ($\frac{1}{3}$ once) de sirop de grenadine
1 trait de crème de menthe verte
quelques feuilles de menthe fraîche

Déposez quelques cubes de glace dans le shaker et versez-y le brandy, le vermouth, le jus d'orange et la grenadine. Agitez vigoureusement quelques secondes.

Mettez deux cubes de glace dans un verre à highball et versez-y la crème de menthe. Décorez avec quelques feuilles de menthe.

BRANDY FLIP

40 ml (1 ⅓ once) de brandy
1 c. à café de sucre
1 œuf
1 pincée de muscade

Mettez trois glaçons dans un shaker et ajoutez-y le brandy, le sucre et l'œuf. Agitez vigoureusement quelques secondes.

Filtrez avec un strainer dans un verre à sour ou à vin blanc. Saupoudrez de muscade.

COFFEE COCKTAIL

30 ml (1 once) de brandy
30 ml (1 once) de porto
1 œuf
1 c. à café de sucre
1 pincée de muscade

Mettez trois glaçons dans un shaker et ajoutez-y le brandy, le porto, le sucre et l'œuf. Agitez énergiquement quelques secondes.

Filtrez avec un strainer dans un verre à sour. Saupoudrez de muscade.

FLAMING FLAMINGO

15 ml (½ once) de sirop de grenadine
15 ml (½ once) de crème de menthe verte
15 ml (½ once) de triple sec
15 ml (½ once) de cognac

Versez le sirop de grenadine dans un verre à sherry. Placez le dos de la cuillère à mélanger sur la grenadine et versez sur celle-ci la crème de menthe. Faites flotter, de la même façon, le triple sec sur la crème de menthe.

Versez le cognac dans la cuillère et faites flamber au-dessus d'une flamme. Versez le cognac enflammé sur le triple sec et

laissez le mélange flamber quelques secondes. Étouffez la flamme.

Laissez refroidir quelque peu le cocktail
avant de poser les lèvres sur le verre.

LE GIN

Produit de la distillation du moût fermenté de céréales, le gin existe en deux variantes.

Le dry gin subit cinq distillations dont la cinquième, dans l'alambic traditionnel, avec des baies de genièvre, des graines de coriandre, des racines d'iris et d'autres aromates.

Le genièvre ne subit que deux distillations, cette seconde, dans l'alambic traditionnel, avec des baies de genièvre.

Le sloe gin est une liqueur fine à base de dry gin et de sirop de prunelle.

Notez que tous les cocktails proposés dans les pages qui suivent font essentiellement appel au dry gin.

WHITE LADY

40 ml (1 $\frac{1}{3}$ once) de dry gin
20 ml ($\frac{2}{3}$ once) de triple sec
1 c. à café de jus de citron
$\frac{1}{2}$ blanc d'œuf

Mettez quatre cubes de glace concassés dans un shaker et ajoutez-y tous les éléments du cocktail. Agitez vigoureusement quelques secondes.

Filtrez avec le strainer dans un verre à cocktail et servez sans glace.

GIN FIZZ

40 ml (1 $\frac{1}{3}$ once) de dry gin
2 c. à soupe de jus de limette
1 c. à café de sucre
1 blanc d'œuf
1 longue lanière de zeste de limette
eau gazeuse

Déposez quatre cubes de glace dans un shaker et versez-y le dry gin, le jus, le sucre et le blanc d'œuf. Agitez énergi-quement quelques secondes.

Placez la lanière de zeste de limette moitié dans le verre à cocktail, moitié à l'extérieur.

Filtrez la préparation avec le strainer et complétez avec de l'eau gazeuse au goût.

ANGEL'S FACE

30 ml (1 once) de dry gin
30 ml (1 once) de liqueur d'abricot
30 ml (1 once) de calvados

Déposez l'équivalent de quatre cubes de glace dans un shaker et ajoutez-y les trois ingrédients du cocktail. Fermez et agitez énergiquement quelques secondes.

Filtrez dans un verre à cocktail et servez aussitôt.

HORSE'S NECK

40 ml (1 ⅓ once) de dry gin
1 trait d'Angostura bitters
1 longue lanière de zeste de citron
ginger ale ou 7-Up

Accrochez au rebord d'un verre à zombie la lanière de zeste de citron pour que l'extrémité se rende au fond du verre. Ajoutez quelques glaçons.

Versez-y le dry gin et complétez avec du ginger ale ou du 7-Up, au goût.

Vous pouvez élaborer le même cocktail en utilisant du scotch whisky plutôt que du dry gin.

PINK LADY

40 ml (1 ⅓ once) de dry gin
20 ml (⅔ once) de jus de citron
1 c. à café de sirop de grenadine
1 blanc d'œuf
1 rondelle de citron
1 cerise

Déposez quatre cubes de glace dans un shaker et ajoutez-y le dry gin, le jus de citron, le sirop de grenadine et le blanc d'œuf. Fermez et agitez fermement quelques secondes.

Givrez un verre à cocktail en en trempant le rebord successivement dans une assiette contenant du sirop de grenadine et dans une autre contenant du sucre.

Filtrez la préparation et décorez d'une rondelle de citron et d'une cerise piquées sur un bâtonnet.

On peut alléger ce cocktail avec de l'eau gazeuse.

SINGAPORE SLING

40 ml (1 $\frac{1}{3}$ once) de dry gin
20 ml ($\frac{2}{3}$ once) de slœ gin
10 ml ($\frac{1}{3}$ once) de triple sec
40 ml (1 $\frac{1}{3}$ once) de jus d'orange

40 ml (1 $\frac{1}{3}$ once) de jus de citron
20 ml ($\frac{2}{3}$ once) de sirop de grenadine
$\frac{1}{2}$ tranche de citron
$\frac{1}{2}$ tranche d'orange
2 cerises

Dans un verre à collins ou à zombie, versez le jus d'orange, le jus de citron et le sirop de grenadine. Remplissez le verre de glaçons et décorez avec les fruits.

Ajoutez le dry gin, et le sloe gin et remplissez le verre de club soda ou de 7-Up.

Parfumez avec le triple sec.

Servez avec une cuillère et laissez l'invité agiter le mélange.

AUGUSTE

60 ml (2 onces) de dry gin
20 ml ($\frac{2}{3}$ once) de triple sec
10 ml ($\frac{1}{3}$ once) de crème de cassis
10 ml ($\frac{1}{3}$ once) de liqueur d'abricot

Mettez quatre cubes de glace dans le shaker et versez-y les quatre éléments de la préparation. Agitez vigoureusement quelques secondes.

Filtrez avec le strainer dans un verre à cocktail.

TOM COLLINS

40 ml (1 ⅓ once) de dry gin

2 c. à soupe de jus de citron

1 c. à café de sucre

eau gazeuse, club soda ou 7-Up, au goût

1 tranche de citron

Dans un verre à old fashioned, dissoudre le sucre dans le jus de citron. Ajoutez l'équivalent de deux cubes de glace concassés et versez-y le dry gin.

Mélangez avec une cuillère et additionnez, au goût, de club soda, d'eau gazeuse ou de 7-Up. Décorez avec une tranche de citron.

Le **John Collins** est une variante du **Tom Collins.** On utilise du whisky canadien (ou rye) plutôt que du dry gin.

BLUEBIRD

50 ml (1 $\frac{2}{3}$ once) de dry gin
10 ml ($\frac{1}{3}$ once) de curaçao bleu
2 traits d'Angostura bitters
1 cerise
1 morceau d'ananas

Mettez quatre cubes de glace dans un verre à mélanger et ajoutez-y le dry gin, le curaçao et l'Angostura. Remuez.

Filtrez dans un verre à cocktail et décorez d'une cerise et d'un morceau d'ananas piqués sur un bâtonnet.

DERBY

40 ml (1 $\frac{1}{3}$ once) de dry gin
20 ml ($\frac{2}{3}$ once) de jus de pêche
1 trait de crème de menthe verte
eau gazeuse
quelques feuilles de menthe

Mettez quelques cubes de glace dans un shaker et versez, dans l'ordre, le dry gin, le jus de pêche et la crème de menthe. Agitez vigoureusement quelques secondes.

Filtrez dans un verre à highball et ajoutez, au goût, avec de l'eau gazeuse. Décorez avec quelques feuilles de menthe fraîche.

Plutôt que du jus de pêche, vous pouvez employer des pêches dénoyautées et préparer le cocktail au mélangeur électrique, sans utiliser de glace. Ajoutez de la glace dans le verre au moment de servir.

LADY TOP

40 ml (1 ⅓ once) de dry gin
40 ml (1 ⅓ once) de jus de
    pamplemousse
40 ml (1 ⅓ once) de jus d'orange
1 trait de crème de cassis
1 lanière de zeste de pamplemousse
1 lanière de zeste d'orange

Versez le dry gin, les deux jus et la crème de cassis dans un verre à mélanger contenant deux cubes de glace. Remuez bien.

Filtrez dans un verre à cocktail et décorez avec les lanières de zeste de pamplemousse et d'orange.

LA VODKA

La vodka est un alcool neutre à base de céréales ou de pommes de terre. La vodka polonaise est fabriquée exclusivement à partir de seigle, tandis que la vodka russe contient un mélange de seigle, d'orge et de blé.

Sa fabrication nécessite plusieurs opérations: on la distille trois fois puis on la parfume, par macération, avec des plantes, des herbes et des écorces, avant une quatrième distillation.

Dans les cocktails, la vodka se mélange agréablement avec des jus de fruits ou d'autres alcools tels que la crème de menthe ou la liqueur de café. Vous trouverez plusieurs autres préparations contenant de la vodka dans la section consacrée au vermouth.

SCREWDRIVER

40 ml (1 ⅓ once) de vodka
80 ml (2 ⅔ onces) de jus d'orange
    frais
1 trait de jus de citron
1 trait de triple sec
1 rondelle d'orange

Versez la vodka dans un verre à old fashioned et ajoutez-y le jus d'orange (au goût), le jus de citron et le triple sec.

Mettez deux glaçons dans le verre et remuez.

Décorez avec une rondelle d'orange.

Ce cocktail peut être préparé de différentes façons, selon les goûts de chacun. On peut utiliser une portion de vodka et cinq portions de jus pour un cocktail doux et rafraîchissant, ou encore moitié-moitié, pour un cocktail musclé.

BLACK RUSSIAN

60 ml (2 onces) de vodka
30 ml (1 once) de liqueur de café

Concassez quatre cubes de glace et mettez-les dans un shaker. Ajoutez-y la vodka et la liqueur de café. Agitez vigoureusement quelques secondes.

Filtrez dans un verre à old fashioned contenant deux cubes de glace.

Pour préparer un **White Russian**, versez 20 ml ($2/3$ once) de crème 15 % sur les glaçons du **Black Russian.**

GREEN RUSSIAN

40 ml (1 $1/3$ once) de vodka
40 ml (1 $1/3$ once) de crème de
    menthe verte

4 fines rondelles de concombre
quelques feuilles de menthe fraîche

Concassez quatre cubes de glace et mettez-les dans un shaker. Ajoutez-y la vodka et la crème de menthe. Agitez vigoureusement.

Givrez le bord d'un verre à highball en le trempant dans de la crème de menthe puis dans du sucre.

Tapissez l'intérieur du verre de tranches de concombre et versez-y la préparation en laissant glisser un peu de glace concassée.

Décorez avec quelques feuilles de menthe.

BLOODY MARY

40 ml (1 $\frac{1}{3}$ once) de vodka
150 ml (5 onces) de jus de tomate
1 c. à café de jus de citron
2 traits de Tabasco

2 traits de sauce Worchestershire
2 pincées de sel de céleri
1 pincée de poivre de Cayenne

Mettez deux cubes de glace dans un shaker et ajoutez-y tous les ingrédients de la préparation. Fermez et agitez vigoureusement.

Filtrez avec le strainer dans un verre à highball contenant deux cubes de glace.

BLOODY CAESAR

40 ml (1 ⅓ once) de vodka
Clamato
1 pincée de sel de céleri
1 branche de céleri
3 olives farcies
3 oignons à cocktail

Humectez le rebord d'un verre à highball à l'aide d'une tranche de citron. Plongez la partie supérieure du verre dans une soucoupe contenant du sel de céleri.

Mettez trois glaçons dans le verre avec les olives et les oignons.

Versez la vodka et remplissez le verre de Clamato avant d'y plonger une branche de céleri.

On peut aussi ajouter, au goût, du sel, du poivre, du Tabasco et de la sauce Worchestershire.

Remplacez la vodka par de la tequila pour obtenir un **Montezuma.**

VODKA KIR

50 ml (1 $\frac{2}{3}$ once) de vodka
10 ml ($\frac{1}{3}$ once) de crème de cassis
eau gazeuse
1 tranche de citron

Déposez quatre cubes de glace dans un verre à mélanger et ajoutez-y la vodka et la crème de cassis. Remuez bien.

Filtrez dans un verre à cocktail contenant deux cubes de glace. Ajoutez de
l'eau gazeuse à volonté. Décorez d'une
tranche de citron.

RUSSIAN COCKTAIL

20 ml (²/₃ once) de vodka
20 ml (²/₃ once) de dry gin
1 c. à café de crème de cacao

Mettez quatre cubes de glace dans un
shaker et versez-y la vodka, le dry gin et
la crème de cacao. Agitez vigoureusement quelques secondes.

Filtrez avec le strainer dans un verre à
cocktail contenant deux cubes de glace.

NORMAN CONQUEROR

20 ml (²/₃ once) de vodka
20 ml (²/₃ once) de calvados
20 ml (²/₃ once) de jus de pomme
1 trait d'Angostura bitters

1 tranche de citron
quelques feuilles de menthe

Mettez deux cubes de glace dans un shaker et ajoutez-y la vodka, le calvados, le jus de pomme et l'Angostura bitters. Fermez et agitez vigoureusement quelques secondes.

Filtrez dans un verre à cocktail contenant deux cubes de glace.

Décorez d'une tranche de citron et de quelques feuilles de menthe fraîche.

LE WHISKY

Le mot «whisky» désigne toutes les eaux-de-vie produites dans l'alambic traditionnel et vieillies dans des tonneaux chauffés, à partir de céréales (orge, seigle, avoine ou maïs).

Selon leur origine et leur mode de fabrication, on parlera:

*   de scotch whisky pour les produits provenant d'Écosse, à base d'orge germée (Potstill), à base d'avoine et d'orge germée (Patentstill) ou du mélange des deux (Blended scotch);

*   de whisky irlandais pour les produits provenant d'Irlande, à base d'orge germée et non ger-

mée, de blé, d'avoine et de seigle;
- de whisky canadien ou rye, à base de seigle, de maïs et d'orge germée;
- ou de bourbon pour le whisky américain dans lequel le maïs prédomine.

Pour les cocktails qui suivent, on peut utiliser, au goût, l'un ou l'autre de ces whiskies.

WHISKY SOUR

80 ml (2 $^2/_3$ onces) de whisky
40 ml (1 $^1/_3$ once) de jus de citron ou
    d'orange
ou: 20 ml ($^2/_3$ once) de jus de citron
et 20 ml ($^2/_3$ once) de jus d'orange
1 c. à soupe de sucre
Pour la décoration:
1 tranche d'orange
1 cerise

Mettez quatre cubes de glace dans un shaker et versez-y le whisky, le jus et le sucre. Agitez vigoureusement quelques secondes.

Filtrez dans un verre à old fashioned. Décorez d'une tranche d'orange et d'une cerise.

OLD FASHIONED

40 ml (1 $\frac{1}{3}$ once) de whisky
40 ml (1 $\frac{1}{3}$ once) de club soda ou de 7-Up
10 ml ($\frac{1}{3}$ once) de jus d'orange
2 traits d'Angostura bitters
1 c. à café de sucre
Pour la décoration:
1 tranche d'orange
1 cerise

Mettez le sucre dans un verre à old fashioned et ajoutez l'Angostura bitters pour le dissoudre. Versez le club soda ou le 7-Up dans le verre et ajoutez trois cubes de glace.

Versez ensuite le whisky et mélangez avec une cuillère.

Décorez le verre avec une tranche d'orange et une cerise piquée sur un bâtonnet.

CANADIAN APPLE

50 ml (1 $\frac{2}{3}$ once) de whisky
20 ml ($\frac{2}{3}$ once) de calvados
2 c. à café de sucre
1 c. à café de jus de citron
2 pincées de cannelle
1 rondelle de citron

Déposez deux cubes de glace dans un shaker et ajoutez-y le whisky, le calvados, le sucre et le jus de citron. Agitez vigoureusement quelques secondes.

Filtrez dans un verre à old fashioned contenant deux cubes de glace. Saupoudrez de cannelle et décorez le verre d'une rondelle de citron.

MAFIOSO

40 ml (1 ⅓ once) de whisky
20 ml (⅔ once) d'amaretto
20 ml (⅔ once) de jus de limette
1 cerise

Remplissez le tiers du shaker de glace concassée et versez-y le whisky, l'amaretto et le jus de limette. Agitez vigoureusement quelques secondes.

Filtrez avec le strainer dans un verre à old fashioned et décorez avec une cerise piquée sur un bâtonnet.

NOUVELLE-ORLÉANS

80 ml (2 ⅔ onces) de whisky
20 ml (⅔ once) de Southern Comfort
2 c. à soupe de crème 15 %
2 pincées de noix de muscade râpée

Mettez quatre cubes de glace dans un shaker et versez-y le whisky, le Southern Comfort et la crème. Agitez vigoureusement quelques secondes.

Filtrez dans un verre à old fashioned et saupoudrez de noix de muscade.

CALIFORNIA

30 ml (1 once) de whisky
30 ml (1 once) de crème de banane
1 c. à soupe de curaçao
1 c. à soupe de jus de citron
150 ml (5 onces) de jus d'ananas

Versez le whisky, la crème de banane, le jus de citron, le curaçao et le jus d'ananas dans un mélangeur électrique. Ajoutez quatre cubes de glace et faites fonctionner l'appareil pendant une minute.

Filtrez dans un verre à highball contenant deux cubes de glace.

RUSTY NAIL

40 ml (1 ⅓ once) de whisky
20 ml (⅔ once) de drambuie
20 ml (⅔ once) de sirop de grenadine
1 trait de jus de citron

Déposez quatre cubes de glace dans un shaker et ajoutez-y le whisky, le drambuie, la grenadine et le jus de citron. Agitez vigoureusement quelques secondes.

Filtrez avec le strainer dans un verre à old fashioned et ajoutez deux cubes de glace avant de servir.

RYE RICKEY

40 ml (1 ⅓ once) de whisky
20 ml (⅔ once) de jus de limette
20 ml (⅔ once) de vermouth blanc
eau gazeuse
1 fine lanière de zeste de limette

Déposez quatre cubes de glace dans un shaker et versez-y le whisky, le jus de limette et le vermouth. Agitez vigoureusement quelques secondes.

Filtrez dans un verre à old fashioned. Ajoutez deux cubes de glace et, au goût, de l'eau gazeuse.

Décorez avec une lanière de zeste de limette.

SCOTCH COBBLER

60 ml (2 onces) de whisky
30 ml (1 once) de triple sec
1 c. à café de sucre
1 blanc d'œuf
Pour la décoration:
quelques feuilles de menthe
1 fraise
quelques morceaux d'ananas

Concassez quatre cubes de glace et mettez-les dans un shaker. Ajoutez-y le whisky, le triple sec, le sucre et le blanc d'œuf. Agitez énergiquement quelques secondes.

Filtrez dans un verre à old fashioned et ajoutez un glaçon.

Décorez avec un bâtonnet sur lequel vous aurez piqué quelques feuilles de menthe, quelques morceaux d'ananas et une fraise coupée en deux.

NEW YORKER

40 ml (1 ⅓ once) de whisky

2 traits de sirop de grenadine

1 c. à café de jus de citron

1 c. à café de sucre

1 lanière de zeste de citron

Déposez quatre cubes de glace dans un shaker et ajoutez-y le whisky, le jus de citron, le sucre et le sirop de grenadine. Agitez fermement quelques secondes.

Filtrez avec le strainer dans un verre à old fashioned. Ajoutez deux cubes de glace et décorez avec une lanière de zeste de citron.

LE CHAMPAGNE

Le vrai champagne, le seul, provient de la région de Champagne, en France. C'est un produit de grand luxe qu'il est inutile d'utiliser dans des cocktails.

Un bon mousseux, fabriqué selon la méthode champenoise, fait tout aussi bien l'affaire. On peut penser, entre autres produits, au codorniu d'Espagne, à l'asti spumante d'Italie ou à la blanquette de Limoux de France.

Pour faire de bons cocktails, le mousseux et les verres doivent être froids. Vous ne devez ajouter le mousseux qu'à la fin de la préparation. Évitez également de mettre des glaçons.

FLÛTE ENCHANTÉE

20 ml ($^2/_3$ once) de liqueur de banane
20 ml ($^2/_3$ once) de triple sec
mousseux

Versez la liqueur de banane et le triple sec dans une flûte à champagne.

Remplissez le verre de mousseux et servez aussitôt.

CHAMPAGNE COCKTAIL

20 ml ($^2/_3$ once) de cognac
2 traits d'Angostura bitters
1 morceau de sucre
1 cerise
mousseux

Mettez la flûte à champagne au réfrigérateur durant une heure.

Imbibez le morceau de sucre d'Angostura bitters et déposez-le au fond du verre. Arrosez avec le cognac.

Remplissez le verre de mousseux et faites-y couler une cerise. Servez aussitôt.

ALFONSO

70 ml (2 ⅓ onces) de mousseux
30 ml (1 once) de dubonnet
2 traits d'Angostura bitters
1 morceau de sucre
1 lanière de zeste de citron

Imbibez le morceau de sucre avec l'Angostura bitters et placez-le au fond d'une flûte à champagne bien glacée.

Versez le dubonnet et ajoutez avec le mousseux.

Décorez avec une lanière de zeste de citron et remuez délicatement avant de déguster.

CHAMPAGNE ORANGE

20 ml (⅔ once) de triple sec
20 ml (⅔ once) de jus d'orange

10 ml (⅓ once) d'alcool de poire
mousseux frappé

Déposez quelques cubes de glace dans un shaker et versez-y le triple sec, le jus d'orange et l'alcool de poire. Agitez vigoureusement quelques secondes.

Filtrez dans une coupe à champagne et versez le mousseux bien froid. Décorez avec une lanière de zeste d'orange.

ÈVE

3 traits de liqueur d'anis
1 c. à café de cognac
1 c. à café de curaçao
1 c. à café de sucre
mousseux frappé

Versez la liqueur d'anis dans une coupe à champagne et tournez-la en donnant une lente rotation au verre pour recouvrir la paroi interne d'anis.

Versez-y le cognac, le curaçao et le sucre, puis remuez avec une petite cuillère pour faire fondre le sucre.

Ajoutez le mousseux dans la coupe et servez aussitôt.

BULLES BLEUES

10 ml ($\frac{1}{3}$ once) de liqueur d'abricot
20 ml ($\frac{2}{3}$ once) de curaçao bleu
mousseux frappé
sucre
1 fraise

Givrez la coupe à champagne en trempant le bord dans une assiette contenant quelques traits de curaçao bleu, puis dans une autre contenant du sucre.

Versez la liqueur d'abricot et le curaçao bleu dans la coupe et remuez avec une petite cuillère.

Remplissez le verre de mousseux et décorez avec une fraise ou le fruit de votre
choix.

PICK ME UP

10 ml (⅓ once) de cognac
10 ml (⅓ once) de triple sec
1 trait de jus de citron
1 trait de sirop de grenadine
mousseux bien froid
1 lanière de zeste de citron

Déposez quelques cubes de glace dans
un shaker et versez-y le cognac, le triple
sec, le jus de citron et la grenadine.
Agitez quelques secondes.

Filtrez le mélange dans une coupe à
champagne et remplissez le verre de
mousseux.

Décorez avec une lanière de zeste de
citron.

CARITA

20 ml (²⁄₃ once) de cognac ou
    d'armagnac
20 ml (²⁄₃ once) de triple sec
1 c. à café de miel
1 jaune d'œuf
mousseux frappé

Déposez quelques cubes de glace dans un shaker et ajoutez-y le jaune d'œuf, le cognac, le triple sec et le miel. Agitez vigoureusement quelques secondes.

Filtrez la préparation dans une flûte à champagne et versez le mousseux bien froid.

NEW-ORLEANS

20 ml (²⁄₃ once) de rhum blanc
10 ml (¹⁄₃ once) de liqueur de pêche
1 trait de jus d'orange
1 trait de jus de limette
mousseux frappé

Mettez quelques cubes de glace dans un shaker et ajoutez-y le rhum, la liqueur de pêche, le jus de limette et le jus d'orange. Agitez quelques secondes.

Filtrez avec le strainer dans une coupe à champagne et remplissez le verre de mousseux bien froid.

Décorez avec une lanière de zeste d'orange.

CHAMPAGNE ROYAL

1 c. à café de liqueur de fraise ou de crème de cassis

1 fraise

mousseux frappé

Versez la liqueur de fraise (ou la crème de cassis) dans une flûte à champagne, puis ajoutez le mousseux.

Plongez la fraise dans la coupe et servez.

CHAMPAGNE CUP

Jus d'un demi-citron
1 c. à café de sucre en poudre
2 fraises
½ tranche d'ananas
mousseux frappé

Coupez les fraises et l'ananas en petits morceaux et mettez-en quelques-uns de côté pour la décoration.

Versez le jus de citron dans un verre à cocktail et faites-y dissoudre le sucre en poudre. Ajoutez les fruits et brassez avec une petite cuillère.

Remplissez le verre de mousseux et mélangez de nouveau délicatement.

Décorez avec quelques morceaux de fraises et d'ananas piqués sur un bâtonnet.